Das alte Schwein lebt immer noch
Boy Lornsens Tierleben

Zeichnungen von Annemarie Fuchs

Schneekluth

Unverbindliche Empfehlungen für den Gebrauch des Gedruckten

Man meide jeglichen Vergleich mit Brehm's Tierleben. Das vorliegende Werk verarbeitet ausschließlich neuere Erkenntnisse, die Herrn Brehm noch nicht zugänglich waren.
Man reklamiere besser nicht die Vollständigkeit des Dargebotenen – die Forschungen sind noch nicht abgeschlossen.
Man beachte die Reimform. Sie wurde der besseren Verdaulichkeit wegen gewählt. Sollten dennoch Magenbeschwerden auftreten, wird bei schwereren Fällen ein militanter Magenbitter, bei leichteren ein süffisanter Rotwein empfohlen.
Man werfe dem Autor nicht vor, er habe die Zoologie zum eigenen Nutzen mißbraucht. Er wird sich wie ein Politiker verhalten: zuerst »nach bestem Wissen und Gewissen schreien« und dann an die Großmut der Wissenden appellieren.
Es darf auch zwischen den Zeilen gelesen werden.

Der Autor dankt dem Verlag für seinen Mut, weißes Papier mit schwarzen Buchstaben zu bedrucken, und Annemarie Fuchs dafür, daß sie mit wissender Hand dem Tierischen ein Gesicht verlieh.

Der Affe

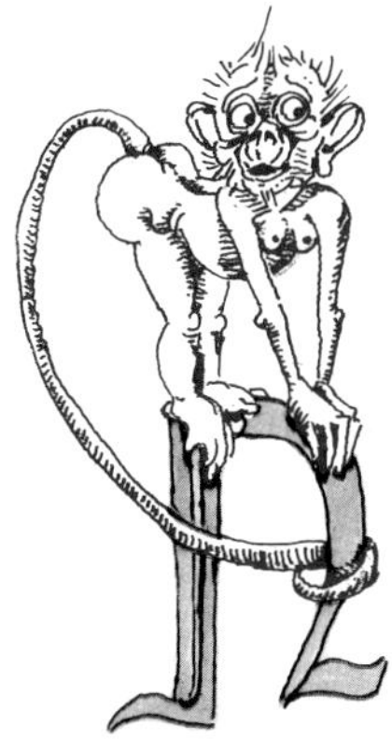

stieg vom Baume und...
schon hatten wir den Ahnen!
Er zündete ein Feuer an
und schmorte sich Bananen.

Er ging als Homo sapiens
nun aufrecht und bekleidet,
woran man ihn bis heute noch
vom Affen unterscheidet.

Sein fernerer Entwicklungsweg
ist allerdings umstritten,
und er ist auch als Spezies
nicht sonderlich gelitten.

In letzter Zeit fühlt er sich krank,
geplagt von bösen Träumen:
Er sieht sich schon zurückmutiert
und wieder auf den Bäumen.

Und dann sind alle Bäume weg...
(Die Logik sagt uns schlüssig:
Jetzt ist der Affe ohne Baum,
jetzt ist er überflüssig.)

Ein Bücherwurm

fraß sich mal durch
zwölf Bände Weltgeschichte,
und dieser Fraß bekam ihm nicht.
Sonst speiste er Gedichte.

Band eins, zwei, drei, vier, fünf und sechs...
Im Alten Rom (Band sieben)
bekam er harten Stuhl von dem,
was Alte Römer trieben.

Band acht, Band neun, Band zehn, Band elf
mit Rittern, Burgverliesen,
mit Papst und Pest und Prüderie –
war auch nicht zu genießen.

Das letzte Drittel von Band zwölf
war Blatt für Blatt verdorben.
Der Wurm ist kurz nach Weltkrieg Zwo
an Leichengift gestorben:

Er fraß sich bis zur Neuzeit durch
und ward an ihr zunichte.
Er liegt entseelt im letzten Band.
(Der Wurm in der Geschichte...)

Ein alter Brummer

macht sich Kummer –
seine Brumme ist verstummt.

Und nichts ist dummer
für den Brummer,
wenn die Brumme nicht mehr brummt.

Kommt ein Hummer,
kneift den Brummer
in den Pelz und sagt: »Das wär's!«

»Verdammter Hummer!«
brummt der Brummer
und brummt ohne Dank nach Moers.

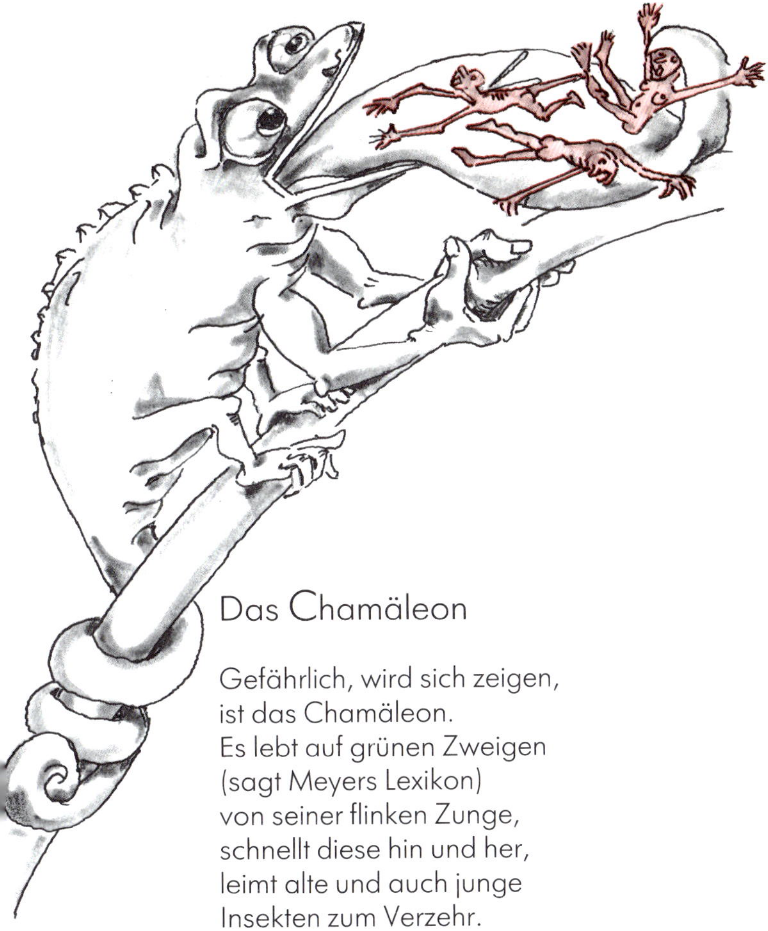

Das Chamäleon

Gefährlich, wird sich zeigen,
ist das Chamäleon.
Es lebt auf grünen Zweigen
(sagt Meyers Lexikon)
von seiner flinken Zunge,
schnellt diese hin und her,
leimt alte und auch junge
Insekten zum Verzehr.

Es wechselt (dies zur Warnung!)
beliebig sein Kostüm,
ist schwarz und rot, zur Tarnung
gelegentlich auch grün.
Dies Tier ist mir verdächtig!
Ich frag mich wohl zu Recht:
Es gibt sich farbenprächtig,
doch – welche ist nun echt?

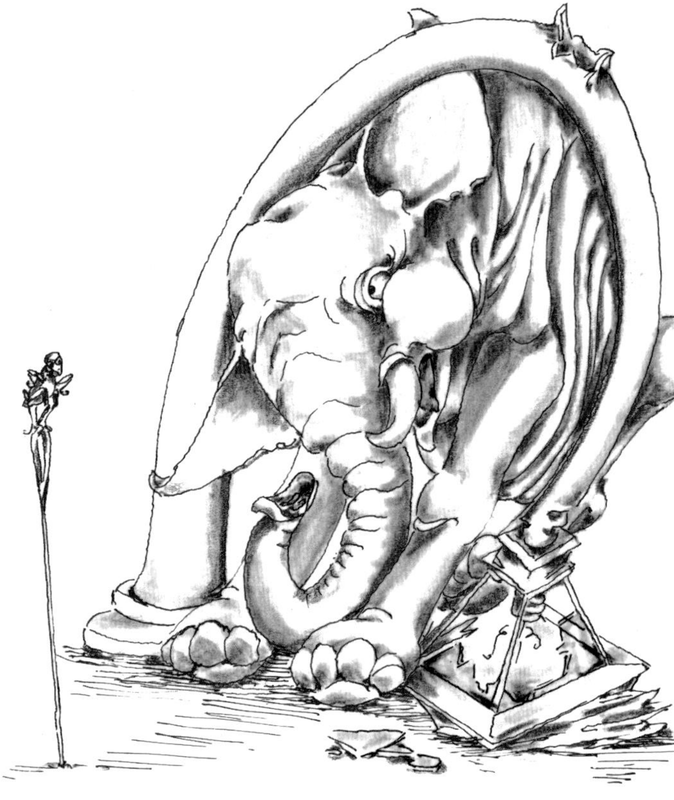

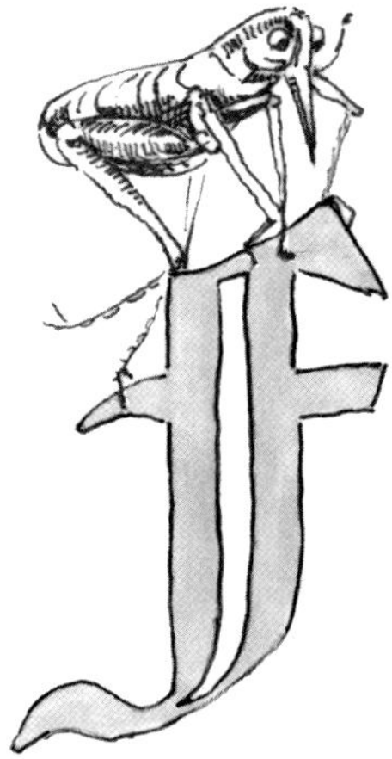

Ein Floh

hüpft durch ein Nadelöhr
und tut, als ob das gar nichts wär.
Ein Elefant schaut zu.
Da sagt der Floh: »Na, du
mit deinem dicken Bauch –
kannst du das auch?«
Der Elefant brummt: »Warte mal!«
Stampft zum nächsten Lampenpfahl,
reckt den Rüssel, macht sich schwer,
biegt ein Riesennadelöhr,
bläst alle Luft aus seinem Bauch,
wird lappig wie ein Lederschlauch
und fädelt sich so eben noch
durch dieses große Nadelloch,
kommt drüben an, heil und gesund,
holt wieder Luft, wird wieder rund
und sagt zum Floh: »Na, du –
was sagste nu!«

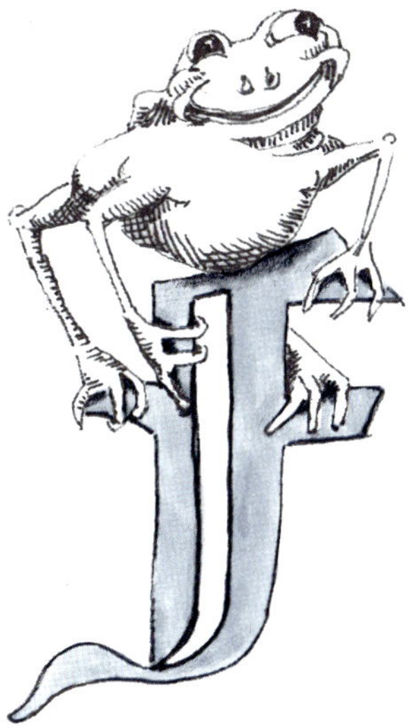

Ein Frosch

aus dem Terrarium
mit Fachvokabularium
verließ die engen Wände,
begab sich ins Gelände,
wo er mit viel Brimborium
vor Storchenauditorium
zum eignen Ruhme quakte,
was jenen nicht behagte.
Ein Storch, darob in Storchenwut,
verspeiste diesen Tunichtgut.

(Ist das nicht eine Lehre
für jede Froschkarriere?)

Der alte Fuchs

vom Brommelsberg
wollte eine Frau,
eine möglichst junge,
hübsche und nicht dumme,
rote Fuchsenfrau.

Der alte Fuchs vom Brommelsberg
wollte auch noch dies:
eine elegante,
flotte und charmante
Frau, die Lotte hieß.

Was kriegte der vom Brommelsberg
für eine Fuchsenfrau?
Er kriegte eine dumme,
lahme, faule, krumme,
eine ohne Zähne,
ohne Schwanz und Mähne,
eine, die viel keifte,
eine graubereifte
alte Fuchsenfrau.

(Es gab nur diese eine –
Lotte hieß sonst keine)

Eine Gans

aus Travemünde,
jung und schön
und ohne Sünde,
traf einen Gänserich
aus Xanten
bei ihren artverwandten
Tanten,
woselbst die zwei
Genannten
in Liebe heiß
entbrannten,
einander Liebling
nannten
und in die Freiheit
rannten.
Was sie dort taten,
darf man raten.
Doch wie gut,
daß sie's noch taten!
Danach hat man sie
verbraten...

Ein Gänserich

mit Namen Karl
aus einem Städtchen namens Marl
war nach Bundesnorm gesund,
wog in Federn achtzehn Pfund,
wurde darum auserkoren,
stranguliert und tiefgefroren,
um alsdann mit seiner Leiche
sieben lüsterne und reiche
Damen aus Saarbrücken
gegen Bargeld zu beglücken.
Und die hüllten sich in Schürzen,
um das Mannsbild scharf zu würzen,
und sie füllten seinen Bauch
mit Gehacktem und mit Lauch,
und sie salbten seine Glieder
mit Salatöl immer wieder,
und sie bräunten seine Lenden,
um ihn knusprig zu verwenden,
und dann zogen sie ihn frisch
aus dem Ofen auf den Tisch,

und sie zündeten die Kerzen,
und sie beteten von Herzen,
und sie spülten sinnenfroh
ihre Mägen mit Bordeaux,
und dann griffen sie mit Lust
nach Karls Schenkeln, Haut und Brust,
und dann wühlten sie im Fleische
mit Gejuche, mit Gekreische,
bis die Turmuhr elfe schlug,
und dann hatten sie genug,
und der Hund bekam die Reste.
»Seine Soße war das Beste«,
sprach die gute Frau von Bohlen,
und dann rülpste sie verstohlen.
Und dann sprachen alle Damen:
»Nun in Gottes Namen – amen!«

Ein Hamster

Ein Hamster sitzt vor seinem Bau.
Sein Wohlstand stimmt ihn heiter.
Ein Habicht kreist im Himmelsblau.
Ein Dichter dichtet weiter.

Der Hamster hat die Keller voll.
Zwölf Mäusen knurrt der Magen.
In Prosa oder Versen soll
der Dichter dies beklagen.

Der Habicht hat sein Ziel erkannt:
Er will den Hamster fassen!
Der Dichter hat es in der Hand:
Soll er den Habicht lassen?

Er wägt es ab, und er bekennt:
Ich laß den Hamster sterben,
und der stirbt ohne Testament:
Zwölf Mäuse sollen erben.

Ein Hausschwein

und ein Weinbergschneck,
die gingen einst gemeinsam
zu Ostern auf die Wanderschaft.
Zu zweit ist man nicht einsam.

Bald war das Schwein im Schweinsgalopp
am Horizont verschwunden.
Der Schneck trabte im Schneckentrab –
zwei Meter in drei Stunden.

So ging der Ostertag vorbei.
Und beide sah man wandern.
Und beide schritten tüchtig aus.
Und keiner sah den andern.

Am Abend kam das Schwein zurück,
bestaubt von vielen Wegen.
Da kam ihm erst der Weinbergschneck
am Gartentor entgegen.

Und seitdem wandern Schwein und Schneck
getrennt und sind's zufrieden.
Denn Schneckentrab und Schweinsgalopp
sind eben zu verschieden.

Ein altes Schwein

Ein sehr gelehrtes,
hochverehrtes
und dazu noch
unverzehrtes,
altes Schwein
vom zwölften Jahr,
das außerdem
noch zahnlos war,
das lag auf seiner Schwarte
und sprach von dieser Warte
zu einem Hasen: »Höre,
mein Sohn, auf mich
und schwöre,
daß du die Welt
vom Fuchs befreist.
Der böse Fuchs
wird gar zu dreist.
Er ist dein Feind!
Tritt ihm entgegen!
Sei ein Held!
Nimm meinen Segen!«

Nun ging der Hase,
stolzgeschwellt,
und schrie hinaus
in alle Welt:
»Wo ist der Fuchs,
der böse,
daß ich die Welt erlöse?«
Dann trat der Fuchs
(vom Wolf ein Onkel)
hungrig aus dem
Waldesdonkel
und verspeiste
auf der Stelle
das Hasentier
mitsamt der Pelle.

Der Held ist tot.
Das Schwein jedoch –
das alte Schwein
lebt immer noch!

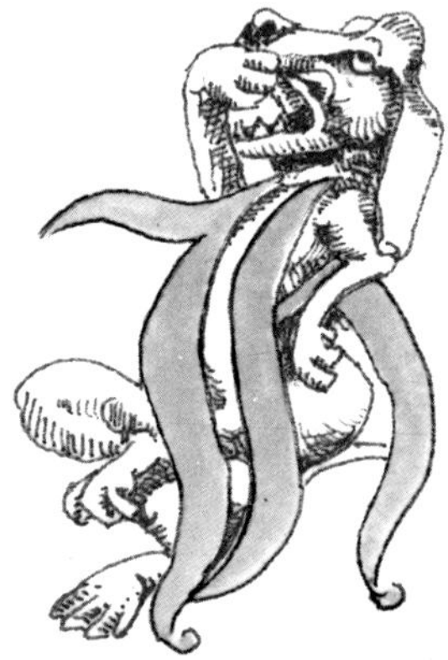

Der Hund

sagt zu dem Huhn:
»Ach, es gäb so viel zu tun...«
Das Huhn sagt zu dem Specht:
»Und ich glaub, der Hund hat recht.«
Der Specht sagt zu der Schlange:
»Ja, das weiß ich doch schon lange.«
Die Schlange sagt zum Biber:
»Diskutieren wir mal drüber.«
Und der Biber sagt: »Ich weiß...
Bloß drüber reden... So ein Scheiß.«

Inka, Minka und Katinka

Die Tante schläft im Himmelbett.
Doch hoch auf dem Gardinenbrett
da lauern schon drei Mücken,
die ihre Stachel zücken.
Links die Inka...
Rechts die Minka...
In der Mitte die Katinka...

Die Tante schläft. Jetzt hört man schon
am wohlbekannten Mückenton
wie sie mit hellem Sirren
um Tantes Nase schwirren.
Links schwirrt Inka...
Rechts schwirrt Minka...
In der Mitte schwirrt Katinka...

Die Tante schläft. Noch schläft sie gut.
Drei Mücken saugen Tantenblut
mit langen Rüsselstangen
aus beiden Tantenwangen.
Links saugt Inka...
Rechts saugt Minka...
Auf der Nase saugt Katinka...

Die Tante wacht, weil sie was sticht.
Sie hebt die Hand und hält Gericht –
und was man lebend kannte,
klebt tot auf einer Tante.
Links klebt Inka...
Rechts klebt Minka...
Auf der Nase klebt Katinka...

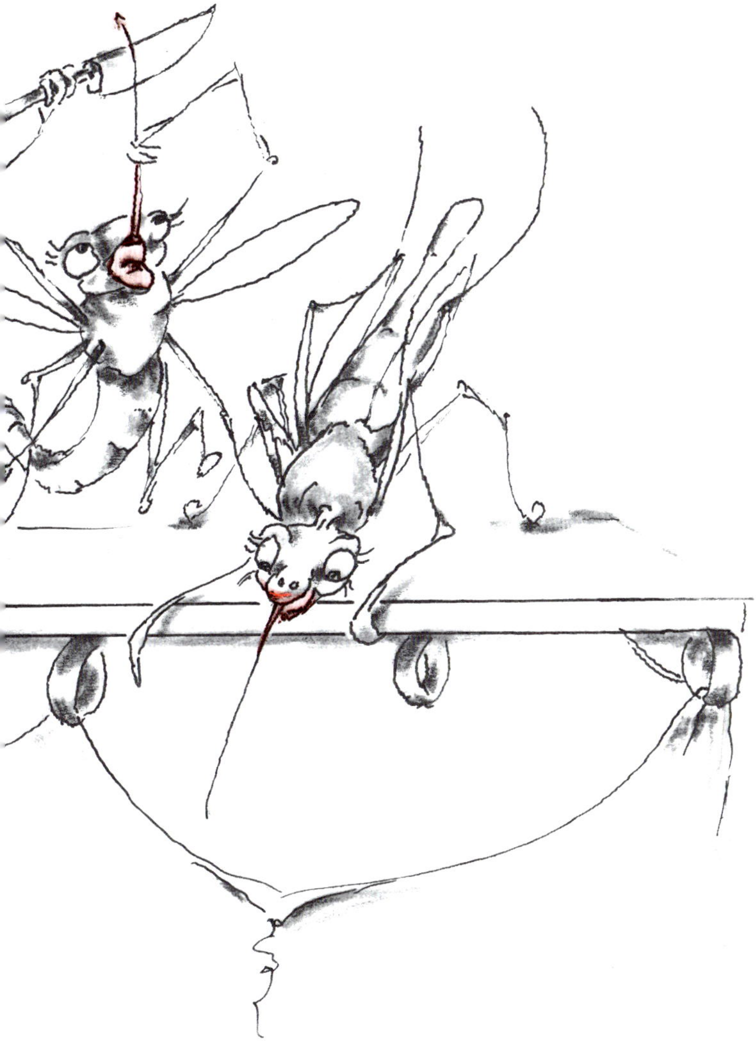

Ein Katzenfräulein

aus Diepholz
(verarmter Adel noch mit Stolz,
von Augenfarbe grünlich)
nahm Arbeit an, und insofern
war sie dann einem Katerherrn
als Sekretärin dienlich.

Sie diente ihm in Hof und Haus,
servierte ihm die Morgenmaus,
und wenn er einmal murrte,
strich sie mit sanfter Pfote schnell
ein paarmal übers Katerfell,
bis daß er wohlig schnurrte.

Sein heißes Maunzen ließ sie kalt,
bezog sie doch als Grundgehalt
drei tote Mäuse täglich.
Drei tote Mäuse lassen kaum
für heiße Katerwünsche Raum –
bei dem Gehalt unmöglich.

Und so erfährt man wieder mal:
Es muß auch die Gehaltsmoral
als schwacher Funke glimmen.
Will einer eine Spitzenkraft,
die manches tut und vieles schafft:
Die Mäuse müssen stimmen!

Das Kroko und das Dil

Das Kroko war ein Kopf nur.
Ein Schwanz bloß war das Dil.
Die beiden fusionierten
mitander, und sie zierten
als Krokodil den Nil.

So nahm, was zu bedauern,
ein Schicksal seinen Lauf.
Der Bundesbürger Knittel
(Er war nicht ohne Mittel!)
brach nun gen Süden auf.

Mit Feuerrohr, Patronen
und D-Mark ausstaffiert,
hat Knittel (mit Askari!)
auf Wochenendsafari
das Niltier massakriert.

Und noch am selben Abend
bestieg er einen Jet
und legte einem Weibe,
das kaum ein Hemd am Leibe,
ein Krokodil vors Bett.

Das Weib tat viele Kreischer,
doch nicht aus Liebeslust.
Bis Knittel sprach: »Mein Kleines,
ich schenk dir bald was Feines.«
Da hob sich ihre Brust.

Dann machten Kürschner, Gerber
und Präparator Spohn
diverse Überstunden
für den betuchten Kunden.
Er zahlte Spitzenlohn.

Nach ungefähr sechs Tagen
(soviel ich davon weiß)
ward Krokodil zu Leder.
Und dieses, sagt wohl jeder,
zeugt doch von deutschem Fleiß.

Der Kopf hängt überm Schreibtisch
(wo Knittel liquidiert).
Den Rücken trägt die Kleine
(Sie wissen, wen ich meine)
als Tasche. Goldverziert.

Selbst Knittels Ehegattin
fuhr bei der Jagd nicht schlecht.
Sie trägt jetzt Krokomütze
und Krokoschuh mit Stütze
(denn Knittel denkt gerecht).

Ach, wär doch Kroko Kroko
geblieben und Dil Dil!
Sie hätten unbestritten
solch Schicksal nicht erlitten:
Es gäb kein Krokodil.

Das Parlament der Läuse

sprach über die Gefahr
moderner Bettgehäuse,
die ernst zu nehmen war.

Man hörte manche Klage.
Doch sprach die Oberlaus
sich in der Bettenfrage
für Optimismus aus.

Sie sprach: »Ich möchte sagen,
in diesem, unserem Bett
darf keiner sich beklagen –
ich werde darin fett.«

»Hört! Hört!« schrie die gemeine
(die kleine) Laus und hob
sich auf die Hinterbeine:
»Wir brauchen Biotop!

Wir brauchen Stroh zum Ruscheln
für jetzt und alle Zeit
und Wolle, um zu kuscheln.
Das schafft Behaglichkeit!

Der Mensch soll mit uns leben.
Wir brauchen einen Pakt!
Wir fordern und erstreben,
daß er die Laus nicht knackt!

Kein Schaumstoff! Kein Gekratze!
Das stört die Lauseruh.
Zurück zur Strohmatratze!
ruf ich euch Läusen zu!«

Das Schlußwort in der Sache
sprach dann die Oberlaus:
»Nur keine Panikmache!
Das Parlament ist aus.«

Ein junger Maulwurf,

subversiv,
der Wühlerei verdächtig,
grub sich in Lehmanns Rasen ein
und wirkte mitternächtig.

Der Lehmann sah sein Eigentum
bedroht, was ihn verschreckte
und einen grimmen Maulwurfshaß
auf diesen Jüngling weckte.

Der Maulwurf aber wollte nur
die Erde ventilieren
und nicht, wie Lehmann es verstand,
den Rasen ruinieren.

Der Lehmann sah den Nutzen nicht.
Er stellte eine Falle,
auf daß der junge Wühlerich
der Schnelljustiz verfalle.

Am Freitag gegen Mitternacht
hat das Gericht entschieden,
und Lehmanns Falle klappte zu.
Der Lehmann war zufrieden.

Nun ist sein Rasen glatt und nicht
durch Wühlerei zerklüftet.
(Was wird, wenn ihn kein Maulwurf mehr
von unten her belüftet?)

Der Maulwurf, 

der ein Dichter war
(ein junger, etwas linker),
entschied sich für den Untergrund.
Am nächsten Morgen ging er

in Meiers Garten, grub sich ein,
sinnierte, reimte, wühlte,
und zeigte so dem Bürgertum,
daß er Verachtung fühlte.

Er lockerte, was schon erstarrt.
Sein Fleiß war nicht zu zügeln,
und seine Reime türmten sich
auf Meiers Grund zu Hügeln.

Der Meier sah den Nutzen nicht.
Er stellte Fallen fänglich
und klapp und schnapp und exitus!
(Auch Dichter sind vergänglich.)

Der Meier klopfte Hügel platt,
zertrat, was aufgeschichtet:
Man muß dem Meier sagen, daß
er Geistesgut vernichtet.

Was das Mausloch für die Maus

ist
die Matratze für die Laus
ist
der Kobel für die Eichkatz
ist
das Nest für einen Hausspatz
ist
dem Igel sein Bund Stroh
ist
das Nachthemd für den Floh
ist
für dich dein Haus,
denn da gehst du ein und aus.

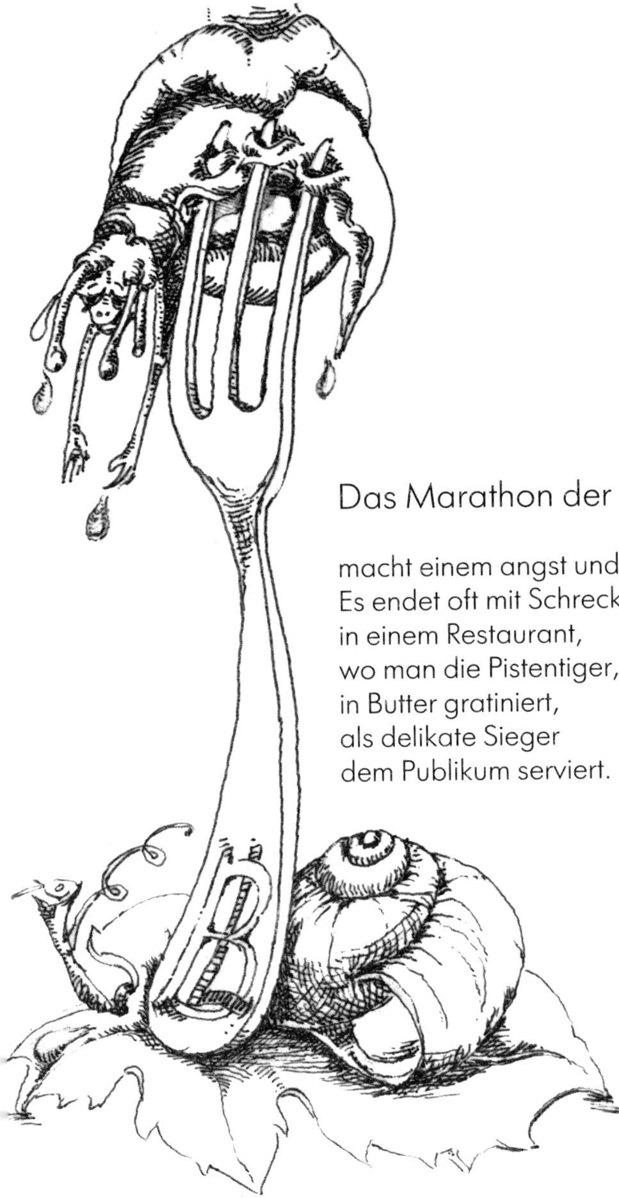

Das Marathon der Schnecken

macht einem angst und bang:
Es endet oft mit Schrecken
in einem Restaurant,
wo man die Pistentiger,
in Butter gratiniert,
als delikate Sieger
dem Publikum serviert.

Ein Apfel fällt vom Apfelbaum.
Den Apfel frißt ein Pferd.

Er rutscht durch den Verdauungsraum,
taucht hinten auf, glänzt nun goldbraun,
und wird vom Spatz begehrt.

Der Spatz pickt sich dran satt und dann –
fängt ihn die Katz und schmatzt.
Ein Fuchs greift jene Katz und dann –
frißt er und überfrißt sich dran,
bis daß sein Magen platzt.

Dies Unglück war nicht vorgesehn.
Ein Maulwurf gräbt sein Grab.
Und über Dinge, die geschehn,
wächst Gras. Es bleibt nicht stehn,
ein Hase grast es ab.

Den Hasen schießt ein Jäger tot.
Und dieser Jäger macht
aus Hasenkeulen Jägerkot,
den er beim ersten Morgenrot
dem Apfelbaum vermacht.

Man denke nicht an Schweinerei,
man denke etwas freier:
Der Apfelbaum, er schätzt derlei.
Statt eines Apfels treibt er zwei.
(Und das ganz ohne Bayer.)

Drei Spinnen

spannen spät im Jahr
noch einmal um die Wette.
Es ging darum, wer von den drein
den längsten Faden hätte.

Dicht bei Hannover war der Start.
Man spann in Richtung Norden,
denn Altona war Spinnrekord.
Und was ist draus geworden?

Bei Celle ist die Nummer Eins
auf einen Baum geklettert
und hat sich da an einem Ast
den Spinnenzwirn verheddert.

Auch Nummer Zwei spann nicht Rekord.
Und jeder darf das wissen:
Päng! machte es vor Lüneburg –
der Faden war gerissen.

Die Nummer Drei spann wunderbar,
spann dünn, spann fest, spann munter
und tauchte (das war klug von ihr!)
im Elbetunnel unter.

Da unten in der Feuchtigkeit
war spinnen keine Wonne.
Doch sie hielt durch und spann sich bei
St. Pauli an die Sonne.

Und weiter ging's nach Altona
bei leichtem Nieselregen.
Sie spann und spann und spann und spann
dem Spinnrekord entgegen.

Drei Häuser nur vor Altona
an einer Hausfassade
da ging auch ihr der Faden aus.
(Ist das nicht jammerschade?)

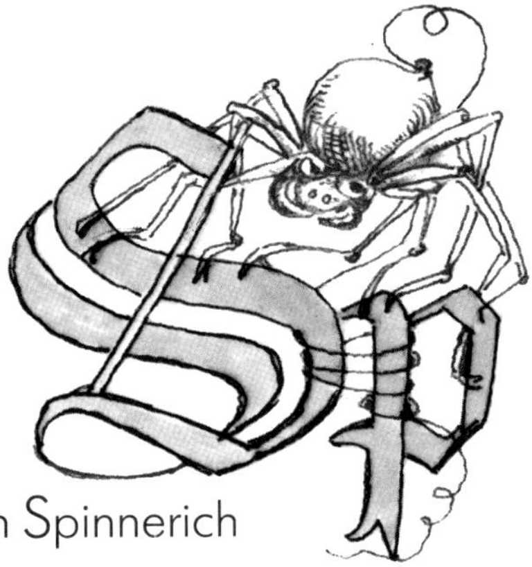

Ein Spinnerich

fand einst ein Loch
in einem Kleincomputer,
worauf er durch dasselbe kroch,
um nachzuschaun – was tut der?

Er schaute hier, er guckte da,
verwirrt durch Technik irrend,
und all das Neue, was er sah,
war wirklich sehr verwirrend.

Was er auf seiner Wanderschaft
auch fühlte und erblickte –
der Kasten blieb ihm rätselhaft,
zumal er seltsam klickte.

Der Spinnerich war technisch noch
nicht reif und auch zu bieder.
Er kroch durch das genannte Loch
und fand die Sonne wieder.

Was immer ein Computer tut –
ihm tat er nichts zuleide.
Er ist wohlauf, es geht ihm gut.
(Das heißt, jetzt spinnen beide!)

Der Star, der hungrig war

Als zur Winterszeit
die Welt verschneit
und der Rauhfrost klirrte,
da schwirrte
ein Star,
der hungrig war,
dem Dorfe zu.
Auf halbem Weg
beim Bach am Steg
traf er Hans Klein,
der ganz allein
zur Schule ging.
Da rief der Star,
der hungrig war:
»Tag auch, Hans Klein!
Hast du nicht ein
Stück Brot für mich?
In diesem Jahr
sind für den Star
besonders schlimme Zeiten.«

»Das seh ich ein«,
sagte Hans Klein,
nahm den Ranzen,
griff hinein,
zog sein Pausenbrot
heraus und bot
dem Star,
der hungrig war,
die Hälfte an.
»Wunderbar!«
lobte der Star.
»Solch großes Stück,
hab ich ein Glück!«
Er aß es auf
und gleich darauf
pfiff er ein Lied:
düdülüt, düdülit!
Der Starendank
war zwar nicht lang,
doch ließ Hans Klein ihn gelten,
weil ein Starenpfiff zur Winterszeit
so ungewöhnlich selten.

Ein Stichling,

der im Teiche schwamm
und niemandem mißtraute,
kam einem Barsch grad recht, der ihn
verschluckte und verdaute.

Der Barsch schwamm einem Hecht vors Maul,
der voller Gier zuschnappte
und ihn auf Nimmerwiedersehn
in seinem Bauch verklappte.

Ein Angler zog den Hecht an Land,
der sich nach Kräften wehrte,
bis daß der Mensch ihn mit Genuß
als Hechtsoufflé verzehrte.

Was nun aus diesem Angler wird?
Die Frage ist noch offen.
(Sofern er sich nicht selber frißt,
darf man für ihn noch hoffen.)

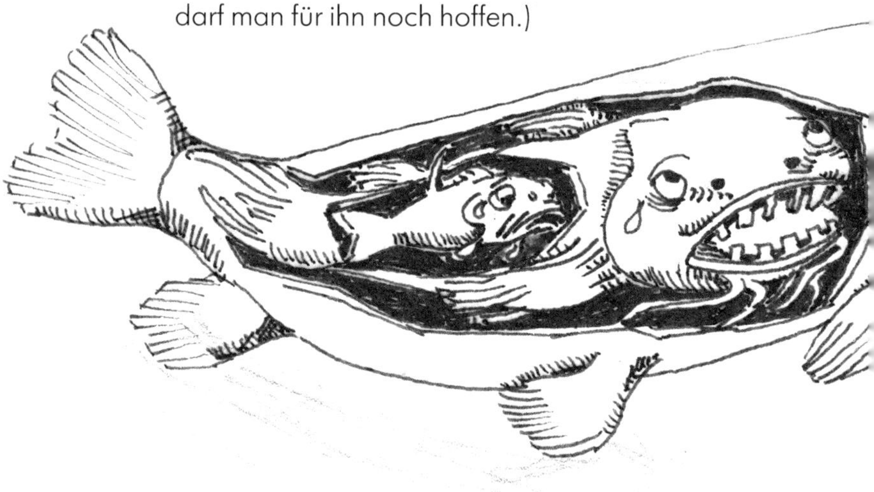

Der Tausendfüßler Tappelbein

An einem schönen Tag im Mai,
nachmittags um drei Uhr drei,
sagt Tausendfüßler Tappelbein
zu seiner Frau Kathrin:
»Du darfst jetzt nicht traurig sein –
ich reise nach Berlin.«

»Ach«, sagt Kathrin, »ach, Tappelbein,
das fiel dir aber plötzlich ein.«
Herr Tappelbein sagt: »Tap-tap-tap!
Halb vier fährt erst mein Zug.
Wer tausend flinke Beine hat,
kommt immer früh genug.

Ich trink zuerst noch meinen Tee.
Pack schon den Koffer voller Klee.
Und all ihr Kinder Hans, Kurt, Fritz,
Elvira, Lies, Lulu,
holt Lappen, Bürsten, Stiefelwichs
und putzt flink tausend Schuh!«

Um drei Minuten vor halb vier
sagt Tappelbein noch dieses hier:
»Eßt morgens euren Blattsalat!
Wascht Füße , Hals und Mund!
Schließt abends alle Türen ab!
Und bleibt mir hübsch gesund!«

Der D-Zug pfeift. Frau Kathrin fleht:
»Ach, Tappelbein, du kommst zu spät!«
Herr Tappelbein sagt: »Tap-tap-tap!
Es ist noch nicht soweit.
Wer tausend flinke Beine hat,
kommt stets zur rechten Zeit.«

Zum Schluß sagt er: »Gehabt euch gut!«
Nimmt Koffer und Zylinderhut,
und tausend Beine tummeln sich
im Tausendfüßlertrab
bis hin zum Bahnhof Siehst-du-nich'.
Tap-tap, tap-tap, tap-tap...

»Bin da!« schreit Tappel. »Weltrekord!«
Doch leider ist der Zug schon fort.
Er trabt vergnügt nach Haus und spricht
zu seiner Frau Kathrin:
»Der Zug, tap-tap, gefiel mir nicht.
Ich fahr nicht nach Berlin!«

Der Tintenfisch Paul Oktopus

hockt unten vor dem Bosporus
und winkt mit den Tentakeln.
Der Taschenkrebs Saul Kneifmalrein
schleicht durch die Dardanellen ein.
Er will mit Paul spektakeln.

Er nähert sich von kreuz nach quer
und kneift den Paul mit seiner Scher,
und Paul in der Bedrängnis,
der färbt, und dies zu Sauls Verdruß,
tieftintenschwarz den Bosporus.
Und jetzt naht das Verhängnis:

Im Finstern kneift Saul Kneifmalrein
sich in sein eignes Krebsgebein –
so gut war Paules Finte.
So geht's bei Krieg und Krakenkrieg –
oft kommt man statt zu Ruhm und Sieg
nur scheußlich in die Tinte.

Der Vogel

auf dem Baume singt.
Der Kater schreit nach oben:
»Wie herrlich deine Stimme klingt!
Ich komm, um dich zu loben.«

Der Vogel schwingt sich in die Luft.
(Wohl weil er Unheil ahnt!)
Der Kater schreit: »Miau, du Schuft!
So war das nicht geplant.«

Der Vogel lebt. Und das nur, weil
der Schöpfung hat gefallen:
Dem Kleinen wird der Flug zuteil –
denn Große haben Krallen!

Eine Wildsau

wenn sie frisch,
ziert den anspruchsvollen Tisch.
Selbstgepirscht und totgeschossen
wird sie gern zum Fest genossen.
Ein Drei-Sterne-General
griff ins Waffenarsenal,
um zu kämpfen und zu kriegen
und wenn möglich zu obsiegen,
denn ein würdiges Ragout
steht gesternten Herren zu –
aus den Rippen, Keulen, Pfoten
eines Wildschweins (eines toten).

Und getreu dem Fahneneid
schlich er früh zur Morgenzeit
durch den weißen deutschen Winter
und sein Adjutant dahinter
und als Nachhut Förster Prey,
um ein strammes Halalei
auf das Wildragout zu blasen,
lag es dann auf deutschem Rasen.
Und so spähten sie vereint
scharf nach links aus nach dem Feind.

Und dann tritt in allen Ehren
eine Wildsau aus den Föhren,
ahnt nichts Böses, schaut sich um,
und der General macht: bumm!
mit dem scharfen Schießgewehre
und verbleite eine Föhre.
Und die Sau schrie: »Sauerei!
So vergeudet man das Blei!«,
blies zum Angriff, rachesüchtig,
und der General ward flüchtig,
und er floh der Pflicht gemäß,
recht besorgt um sein Gesäß,
durch den weißen deutschen Winter,
und sein Adjutant dahinter,
und die Nachhut (Förster Prey)
blies noch schnell ein »Jagd vorbei!«,
was der Lage angemessen,
und es wurde Fisch gegessen.

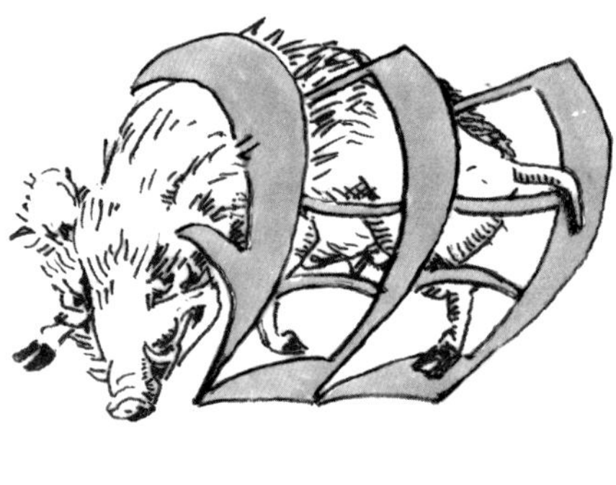

Inhalt

Der Affe 7
Ein Bücherwurm 8
Ein alter Brummer 10
Das Chamäleon 11
Ein Floh 13
Ein Frosch 15
Der alte Fuchs 16
Eine Gans 17
Ein Gänserich 18
Ein Hamster 20
Ein Hausschwein 22
Ein altes Schwein 24
Der Hund 26
Inka, Minka und Katinka 27
Ein Katzenfräulein 31
Das Kroko und das Dil 32
Das Parlament der Läuse 34
Ein junger Maulwurf 36
Der Maulwurf 39
Was das Mausloch für die Maus 40
Das Marathon der Schnecken 41
Ein Apfel fällt vom Apfelbaum 43
Drei Spinnen 45
Ein Spinnerich 49
Der Star, der hungrig war 50
Ein Stichling 52
Der Tausendfüßler Tappelbein 54
Der Tintenfisch Paul Oktopus 58
Der Vogel 59
Eine Wildsau 60

CIP-Kurztitelaufnahme der Deutschen Bibliothek

Das alte Schwein lebt immer noch:
Boy Lornsens Tierleben mit Zeichnungen
von Annemarie Fuchs
München: Schneekluth, 1985
ISBN 3-7951-0941-8

ISBN 3-7951-0941-8

Satz: FotoSatz Pfeifer, Germering
Druck: Pera-Druck, Gräfelfing
Bindung: Conzella Urban Meister, München
Printed in Germany 1985